WORT WAHN

WELT WESEN

GerhartSöhn

WORT WAHN
WELT WESEN

Gedichte

Bibliografische Information der Deutschen Nationalbibliothek
Die Deutsche Nationalbibliothek verzeichnet diese
Publikation in der Deutschen Nationalbibliografie; detaillierte
bibliografische Daten sind im Internet über http://dnb.d-nb.de
abrufbar.

Satz, Umschlaggestaltung, Herstellung und Verlag:
Books on Demand GmbH, Norderstedt
ISBN 978-3-8370-3315-1

W O R T
=======

Es ist ein Wort,
es schwingt,
und singt
so durch den Tag.

Verweht
sogleich,
und dennoch trägt
es reiche Saat.

Es macht dich reich,
es macht dich arm,
es stimmt dich weich,
und hält dich warm

als Trost.
und macht dich hart
und kalt
im Zorn.

So wird es alt,
und lebt es fort
das eine Wort.
Sei stets bedacht
auf seine Macht.

Wir haben nicht nur das Dasein zu tragen,
gebietend verlangt es von uns auch das Wort.

Mit ihm – als Teil eines größeren Ganzen -
markieren wir unseren geistigen Ort.

Die Worte sind es, mit denen wir zeichnen
was unserem Wesen und Denken entspricht.

Sie sind der Spiegel unseres Wollens.
Wir geben durch sie unserem Dasein Gewicht.

Sprache und Sein,
untrennbar verwoben,
fordern von dir
unerbittlich Tribut.

Das Sein zu ertragen,
heißt schicksalhaft leben,
es sprachlich zu meistern,
schürt seine Glut.

Mit Worten du forderst
das Schicksal in Schranken.
Die Worte erst geben
dem Leben den Sinn.

Doch erst der Einklang
von Worten und Taten
beschert deinem Dasein
den höchsten Gewinn.

Dem Meister

Wir wollen den Glauben
nimmer verlieren,
den Glauben an Worte,
die immer noch mehr sind
als Reihung von Zeichen,
den Glauben an Worte,
welche die Dinge
sinnvoll gestalten.

Du sollst sie sagen,
und wir wollen hören
und auch verstehen
den Sinn deiner Rede,
auf daß erblühen
vor unseren Augen
die Dinge des Lebens
im Zauber der Worte
der wohlgesetzten,
die feilend der Meister
in Formen gegossen,
welche den Staub
durch die Sonne der Sprache
golden beglänzen.

Machtvolle Rede,
die nur dem Künstler
göttlich gegeben,
welchem die Sprache
mehr sind als Tand
und hohlklingende Töne.

Wir wollen dein Sagen
hörend verstehen
und spüren die Größe
der Worte des Meisters.

Du hast uns etwas zu sagen,
doch hört man dich nicht.
Wer bist du auch?
Ein Nichts!

Gewiss ein Mensch.
Doch welcher?
Irgendeiner!
Auf Irgendeinen
hört man nicht!

Erst wenn man mit
Fingern auf dich zeigt,
dann bist du wer!
- auch wenn du ein Nichts!

Du denkst,
daß du die Welt betört
mit deinem Wort.
Doch: Niemand hört!

Nun glaubst du,
daß die Welt verkehrt.
Doch: War dein Wort
des Hörens wert?

Das selbst Erlebte
sei nicht der Worte würdig,
-- sagt man --.
Kunst sei,
das Nichtgespürte
zu gestalten.

Als ob nicht jeder Laut,
der unsere Seele stimmt,
geschöpft aus tiefem Leid,
aus reiner Freude.

Auch Shakespeare war ein Hamlet
und Schiller Tell,
und nur aus seiner Qual
schuf Goethe Faust.

Ich pfeife
auf alle die Krücken
mit denen
sie ihren Reim
mühselig,
ächzend,
bestücken,
auf all ihren Plunder
und Seim,
den sie aus Rinnen
und Pfützen
angeln
als nichtigen Keim,
um hierauf
gewichtig
zu stützen
den Anspruch,
ein Dichter
zu sein.

Möge der Schein
uns auch trügen,
daß der nur
ein lyrischer Held,
welcher mit
Wortklingellügen
lauthals
die Tage verbellt.

Noch sind es Worte,
die sagen,
welches der Sinn
dieser Welt,
deren Geschick
wir zu tragen,
in die wir
hineingestellt.

Sie stammeln von Minze und Mohn,
vom gelben Fisch,
vom Brackwasser,
vom borkigen Rücken des Schweins,
von Blaufeldern, Quarzaugen
und von Leukoplast über dem Rüssel,
doch nimmer vom Mensch.

Sie klecksen Symbole
mit violettem Strich,
blaugelbe Spritzer,
die porigen Häute des Seins,
Farbfelder und Traumavisionen
und Gräten in schmutziger Schüssel,
doch nimmer den Mensch.

Sie quäken am Schaltpult,
und dem Maschinentisch
Kakophonien,
und mit den Takten des hölzernen Beins
statt Noten, geometrische Zeichen,
die erst bedürfen der Schlüssel.

Wo bleibst du, Mensch?

Hors d'oeuvre

Er legte die Sprache
auf blumige Teller,
garnierte sie lässig
mit Teilen des Slogans,
der ihn aus der Folge
der täglichen Speisen
vom marmornen Tische
unbewußt ansprang.

Und hieb mit der Gabel
heraus jene Brocken,
die ihm besonders
gehaltvoll erschienen
und reihte sie wahllos
zur Kette von Zeichen.

Möge der Nächste
-- sollte er hungern --
sich an der Speise
nach Lust delektieren.

Ich könnte reden vom Tod,
vom Glauben,
vom Sein,
doch immer
wären es Worte,
die sagen:
Tod...Glaube...Sein.

Ich könnte es schmücken
mit Floskeln
und Hüllen,
das Wort,
in ein Gewand,
welches mit Skrupeln
die Blößen bedeckt,
doch immer
würde es bleiben
Tod...Glaube...Sein

Denn weder den Tod,
noch den Glauben
und nicht das Sein
kann ich sezieren
in dürre Zeichen,
wie ich das Wort zerlege
in T...O...und D.

Und mögen sie alle
immer nur stammeln:
T...O... und D
und Anagramme entwerfen

auf das Symbol
und diesem mit Schauern
ein Opfer bringen,
dem Götzen, dem Zeichen,
für mich bleibt es Tod
und bleibt es Glauben,
und noch ihr Götzendienst
ist für mich Sein.

Ihr sagtet so viel schon,
bleibt da noch zu sagen
für mich den Geringen
ein übriges Wort?

Ihr wart so gewaltig,
den Erdball zu beugen.
Es lebt euer Ruhm
bis in Ewigkeit fort.

Ich neige in Ehrfurcht
mein Haupt vor den Großen,
Beherrschern der Sprache,
Beherrschern der Zeit.

Wie ist so gering doch
mein kümmerlich Sagen,
wie eng doch mein Geist
und der eure so weit.

An die Späteren

Ach, ich seh schon,
wie ihr trachtet,
meine Verse
zu zerpflücken,
um mit kritischem
Verstande,
sie ins rechte Licht
zu rücken.

Was ich aus der
Seele presste,
kaum in Worte
konnte kleiden,
suchet ihr
mit eurer Klugheit
prüfend wieder
zu zerschneiden.

Kann euch nicht
das Wort genügen,
wie's im Herzen
mir geklungen?
Nicht zergliedert
meine Verse,
lauscht dem Lied,
wie ich's gesungen

Dichterruhm

Warum denn
dem Dichter verleiden
sein heißes Verlangen
nach Ruhm?
Weshalb
sollte er sich bescheiden,
wenn dieses beflügelt
sein Tun?

Denn wisset:
Und wollt ihr auch zeigen
daß ihr ihn
denselben mißgönnt,
so würde er dennoch
nicht schweigen,
selbst wenn man
sein Werk nirgends nennt.

Fühlt er sich
berufen zu schreiben,
Gedanken zu formen
im Wort,
so wird es ihn stets
dazu treiben,
bis daß seine Seele
verdorrt.

Er wird es
zu allen Zeiten,
auch wenn ihr
den Ruhm ihm versagt,
auch wenn von den
Neunmalgescheiten
nicht einer
nach ihm je gefragt.

Drum sagt:
Warum denn verleiden
dem Dichter
sein Trachten nach Ruhm?
Warum sollte er sich
bescheiden,
wenn dieses beflügelt
sein Tun?

Fragt den Dichter,
was ihn zwingt,
eine Feder zu ergreifen.
Fragt, warum er
grübelnd ringt,
Worte feilend abzuschleifen.

Fragt, warum er
Nächte sinnt,
die Gedanken auszumeißeln.
Fragt ihn doch,
was er gewinnt,
wenn ihn Pein und Qualen geißeln.

Nichts gewinnt er,
nichts als Ruh.
Er muß einem Zwang sich beugen,
ihm gehorchend,
immerzu
muß er Lied um Lied erzeugen.

Die Gedanken zu gestalten,
drängte es mich unermeßlich;
schöpferisch sie zu entfalten,
hielt ich stets für unerläßlich.

Hunderte Ideen reiften,
vorgequoll'n aus dunklen Tiefen;
im Gehirn sie ruhlos schweiften.
Sie zu formen, sie mich riefen.

Sie zu fasssen, war mein Streben,
sie im Stofflichen zu bannen,
zu erwecken sie zum Leben.
Doch – wie schnell sie stets zerrannen.

Bis ich endlich mich besonnen,
bis zur Tat ich war geschritten,
war das Geistesgut zerronnen,
war es meiner Hand entglitten.

Ja, ich hab es nie besessen,
mußt' ich resigniert erkennen,
hatte ich's doch meist vergessen,
eh ich's konnt' beim Namen nennen.

Mochte ich mich noch so mühen,
die Gedanken zu erfassen,
stets ich sah sie mir entfliehen,
und ich mußt sie fliehen lassen.

Mußte sehn, wie sie versanken
in dem Grund, aus dem sie quollen. -
Zu beleben die Gedanken,
mehr bedurfte es als Wollen.

Wir sind nur die Sänger
jener Geschlechter,
die aneinander
natlos sich reih'n,
die Biographen des Seins.

Nein, nicht ein Gott
gibt uns zu sagen,
was wir erleiden.

Wir sind nur Partikel
des unendlich Großen,
denn auch die Dichter
sind ebenso sterblich,
wie jene Milliarden,
welche getragen
im Laufe der Zeiten
das Joch ihrer Tage.

Und wenn ihre Worte
ihr Sein überleben,
so ist es auch hier
nur eines der Dinge
der sterblichen Hülle,
die so wie andere,
die Menschen gestaltet,
des eigenen Schöpfers
Sein überleben.

Es ist bequem,
dem Tag das Wort zu reden.
Und auch den Finger
hältst du noch
auf seine Wunden,
gefahrlos,
ohne Argwohn
zu erregen,
wenn du es tust
im Kleid
des mahnenden Apostels,
der seine Fahne hält
im richtigen Wind.

Doch wehe,
wenn du wagst,
die Stimme zu erheben
im Glauben an ein Recht,
daß du für wahr erkannt,
wenn du dich engagierst
und streitest
auch gegen eine Meinung,
die von der Menge
lauthals wird goutiert,
dir wird ein Zeichen
auf die Stirn gebrannt,
und einsam stehst du
fern der Herde,
die blökend nur
dem Leittier folgt.

Da wir es leid waren,
einen nackten Mann
auf dem Titel zu sehen;

Da wir es leid waren,
Alkohol aus der Flasche
vom Katheder zu riechen;

Da wir es leid waren,
daß uns die Ohren schmerzten
vom Schrei: Ich bin der Größte,

Suchten wir den,
der im Schatten stand,
der nicht aus dem Munde roch,
der uns mit Schweigen narrte.

Und siehe,
den sie gemieden,
mißachtet, verlacht:
Er war der Größte!

Ihr sollt keinen Heiligenschein ausbreiten
über mich
und keine Loblieder singen
auf mein geringes Tun.
War das, was ich schuf
doch nichts als menschliches Werk.

Ich habe die Höhen und Tiefen
des Daseins durchschritten.
Und immer tat ich es menschlich.
Ich war kein Held und kein Schurke,
immer nur Mensch.

Ich habe Leiden gesehen und Freude,
die Schande und stilles Glück.
Ich sah wie man Kränze gewunden
und Orden vergab.

Ich habe mit Kumpeln
im Dreck gelegen
und bin gewatet im Sumpf.
Bin glückhaft in Höhen gewandelt,
dem Erdball entrückt.

Hab Menschen getröstet
und Unglück gebracht,
hab Schurken gegeißelt
und Sanftmut geheuchelt,
hab mutig gestritten
und feige die Lider geschlossen
und dennoch alles gesehn.

Nun möget ihr richten,
mein Abbild verreissen
und sagen,
der dem wir Kränze geflochten,
war nicht unser Held.-

Ihr sollt keinen Heiligenschein ausbreiten
über mich
und keine Loblieder singen
auf mein geringes Tun.
Doch eins sollt ihr wissen:
In Höhen und Tiefen
war der, dem ihr lauschtet,
immer ein Mensch.

Künstlertum

Nur um des Erfolges willen,
nur um deine Sucht zu stillen,
ein berühmter Mann zu sein,
willst du großes Werk vollbringen,
willst du dir die Muse dingen,
gibst du dir des Dichters Schein?

Deine Fähigkeit zu dichten,
Wort und Sprache abzurichten
in gemess'nem Vers und Reim
soll dein Ehrgeiz nur befrieden?
Das Talent, das dir beschieden
schöpft nur Kraft aus diesem Keim?

Dient es keinen höh'ren Zielen,
wenn du läßt die Feder spielen,
als der eignen Eitelkeit?
Ist nichts andres dir geblieben,
als das eigne Ich zu lieben
in der hehren Dichtung Kleid?

Das wird keinen Ruhm dir bringen:
Nur um Lobeshymnen ringen.
Deine Dichtung löscht die Zeit.
Sich der Eitelkeit verdingen,
dies geziemt nur Schreiberlingen.
Kunst ist höherem geweiht!

Sollt es dir jedoch gelingen,
deinen Hochmut zu bezwingen,
dich von diesem zu befrei'n,
wirst du hoch und höher steigen,
wird dein Künstlertum sich zeigen.
Dann wirst du ein Dichter sein!

Das nicht zu Greifende

Wir, die wir nach Vollendung streben,
lassen kühn den Flug der Gedanken
steigen in himmlische Sphären,
in die kein Adler sich erhob,
schürfen tief auf dem Grunde der Seele,
tiefer als alle Meere,
das nicht zu Greifende,
weniger noch als Luft,
in Worte zu fassen,
den schlummernden Keim,
im Rausch zu begatten,
die Frucht zu erzeugen,
die eurem Anspruch gemäß.

Doch kommt sie zur Reife,
entpuppt sich die Form,
die wir gestaltet,
den Wunsch verhöhnend,
nur allzuoft
als klägliches Machwerk.

Das ist die Seele:
Gewaltig ihr Sehnen
und weit ihre Schwingen,
doch unerforschlich
und unbegreiflich
ihr ewiges Strömen:
Im Fleisch, wie auf Sande,
vom mächtigen Urquell,

dem göttlichen Willen,
langsam versiegend
zur menschlichen Tat.

Da hast du dich bemüht
- nach Weisheit dürstend -
aus tausend Büchern
nur ein Hauch von jenem,
was kluge Geister
bereits gedacht,
dich lehrend, aufzunehmen.

Und wähntest schließlich dich
- nach all den Plagen -
dem Gipfel nah,
der dich mit Weisheit krönt.
Und dann mußt du erfahren,
daß du allein.

Das Werk muß reifen
Heiß strömt der Wille
zum Werk durch die Seele.
Bestimmt nur der Wille,
das Werk noch zerfahren,
das Werk nicht zu fassen,
vielleicht dumpf zu ahnen,
wie keimendes Leben,
dem Blick noch verborgen.

Die Zeit muß vergehen.
im Leib muß es werden,
wie alles, was lebt,
das Werk muß erst reifen.
Und du mußt es tragen,
in ihm verströmend
die hoffende Seele,
dein eigenes Leben.

Die Stunde wird schlagen,
in der du kommst nieder.
Es wird dir geboren
das Kind deines Geistes.
Was du ihm gegeben,
das wird es verkünden:
Die lautere Seele,
Kraft, Stolz und Kühnheit.

Verpflichtung

Weißt du, Dichter, daß auf dich schauen
Tausende, die deinen Worten vertrauen,
die dich, von seelischen Nöten gequält,
zun weisen Tröster und Helfer erwählt,
zum Tröster, weil du ihre Leiden kennst,
zum Helfer, weil du einen Ausweg nennst?

Weißt du, daß sie sich mit gläubigem Herzen,
mit all' ihren Leiden und all' ihren Schmerzen,
Schmerzen, die ihre Seele bedrücken,
Schmerzen, die ihnen gebeugt ihren Rücken
hoffnungsvoll deinen Gedanken verbinden,
glaubend in dir ihren Meister zu finden?

Weißt du, daß gleichend dem tastenden Blinden,
sie hoffen in dir eine Stütze zu finden,
ein Führer, der sie über schwankende Stege
geleitet auf glückverheißende Wege.
Alleine sie sich nicht mehr vorwärts wagen.
Du sollst für sie die Verantwortung tragen.

Von deinen Gedanken sie lassen sich leiten,
vertrauend sie deine Wege beschreiten.
Du sollst ihr enges Blickfeld erweitern,
du sollst die betrübten Gemüter erheitern.
Durch dich erblicken aus engem Feld
sie unvermutet den Sinn dieser Welt.

Wenn du es willst, sie auf vieles verzichten,
nach deinem Rat ihr Handeln sie richten.
Was du ihnen sagst, ist ihnen Gebot.
Du hast die Macht über Leben und Tod
von Tausenden, die auf dich schau'n,
die dir und deinen Worten vertrau'n.

Hast einmal, Dichter, du schon überdacht,
daß du im Besitze gewaltiger Macht?
Tausende wenden zu dir ihr Gesicht,
drum lastet auf dir auch tausendfach Pflicht.
Du bist ein König, ein Herrscher bist du.
Diese Erkenntnis laß nimmer dir Ruh!

Fluch soll dich treffen, wenn Eitelkeit
alleine zum Schaffen dir Flügel verleiht,
wenn Gift du statt fruchtbare Saaten streust,
wenn du Verleumdung und Lüge nicht scheust,
wenn du dich tausendfach schuldig gemacht,
wenn du deinen Jüngern nur Unheil gebracht.

Wenn du aber, Dichter, zu jeglicher Stunde
jeden Gedanken aus deinem Munde
vielfach geprüft und abgewägt,
weil tausendfältige Früchte er trägt,
wird keine der Früchte verfaulen am Rain,
dann werden es güldene Früchte sein.

Konkrete Frage

Du, mit der Tasche
voll Obst und Gemüse,
du, auf der Bank
mit der Boulevardzeitung,
du, mit dem Glas
an der spiegelnden Theke,
du, der du lässig
Verkehrsströme leitest,
du, Postbote, Milchmann,
Schornsteinfeger,
du, mit der Schürze,
die Gäste bedienend,
du, dort am Steuer
des Zwanzigtonners,
Ihr Fahrer von Taxen,
Karossen und Rädern,
hallo, das Pärchen,
der Rentner, der Knabe,
die üppige Dame
im Fond jenes Wagens,
du, Putzer des Fensters,
Verkäufer im Laden,
ihr Advokaten,
Beamten und Pfarrer,
du, Bauer, die Magd,
ihr Schiffer, Piloten,
ihr alle- ich höre -
hier meine Frage:
Wann last ihr zuletzt

den Vers eines Dichters?
Ich höre!
Nur S c h w e i g e n -

So frag ich die Dichter:
Wer schreibt die Zeile,
die alle hören.
Nicht alle, doch viele,
auf daá man sage:
Ich las eine Zeile,
die blieb mir haften.
Ich gab sie weiter,
damit auch jene
die Zeile lesen
und freudig bekennen:
Sie blieb mir haften.

W A H N
=======

Mord an fünf Millionen

Wisst ihr,
was fünf Millionen
sind?

Das wären
vierzehntausend Jahre
täglich
Einer!

Das wäre
der Menschheit Weltgeschichte
doppelt.

Ihr wisst es nicht,
sonst könntet ihr
nicht eine Nacht mehr
ruhig schlafen.

Die Fahne Nazi-Deutschlands

Deutschland,
du bautest ein stattliches Haus
auf Leichen!
Wähltest du deshalb
das Hakenkreuz aus
als Zeichen?

Millionen starben
auf dein Geheiß
und litten!
Wähltest du deshalb
das Leichentuchweiß
inmitten?

Deutschland,
du gründetest eine Macht
auf Toten!
Wähltest du deshalb
als Fahnen zur Schlacht
die roten?

Stalingrad

Inferno der Schlacht:
Gepeitschte Massen
in finsterer Nacht
ihr Leben lassen.

Tod überall.
Zur Hölle geworden
in Eisen und Stahl
ist Brennen und Morden.

Im Chaos der Hölle
der Panzer, Granaten
fällt Welle auf Welle
zerfetzter Soldaten.

Fanatischer Haß
im teuflischen Ringen.
Verloren das Maß
in allen Dingen.

Schweigt still, ihr Bürger,
die ihr mit Fingern
auf bunten Karten
schlagt blutige Schlachten.

Ihr seid wie Kinder,
die unbeschwert noch
vom Leid des Daseins
Soldaten spielen.

Denn seht, es schweigt gar
der harte Krieger,
der Tod und Grauen
im Kampf durchschritten.

Er schweigt vom Kriege,
den er in Not
und Ängsten
durchlitten.

Unerbittlich fegt das Schicksal
über Stadt und Land.
Wer hat je mit seinem Willen
diesen Sturm gebannt?

Rücksichtslos sind sein Schläge
ohne Ziel und Plan.
Was du unverrückbar wähntest,
wirft es aus der Bahn.

Sich zu beugen seinem Laufe,
fällt es noch so schwer,
gibst du, was ans Herz gewachsen,
schließlich auch noch her.

Heut' triffts dich und morgen jenen,
nimmt dir dies und das.
War es unverdient, bedenke:
Es ist ohne Maß!

Zerstörte Heimstatt

Ort, in dem ich geboren,
hab meine Jugend verbracht,
Inbegriff der Heimat,
was hat man aus dir gemacht.

Der Wind fegt durch die Höhlen,
wo lustig die Scheiben geblinkt,
Türlos gähnen die Rahmen,
wo Mutter zum Abschied gewinkt.

So manche freie Stunde
verbracht ich im Geiste bei dir,
in den vertrauten Stuben
und in des Gartens Zier.

Rohe Gewalten rissen
mit dem zertrümmerten Haus
meine fernen Wurzeln
aus heimischen Boden heraus.

Weint nicht um mich.
Ich will keine Tränen
unsäglicher Trauer.

Mußte doch nicht
mein Leben verwelken.
Es fällte der Schnitter
den blühenden Kelch.

So haftet das Bild euch
nimmer verdorrend
in strahlender Frische.

Dahin, dahin …

Der Himmel ist trübe,
die Wolken ziehen,
die ernsten Gedanken
woll'n nicht entfliehen.
In meinem Herzen
ist's öde und leer.
Scheint denn die Sonne
mir nimmermehr?
Dahin, dahin
ist all mein Glück.
Ach, es kehrt niemals
mehr zurück.

Wie war ich dereinst
doch so wohl geborgen,
kannt keinen Kummer,
hatt' keine Sorgen.
Im Kreise der Lieben
ich lebte vergnügt.
Nun alles in weiter
Ferne liegt.
Dahin, dahin
ist all mein Glück.
Ach, es kehrt nimmermehr
zurück.

Was mir beschieden,
ich will es tragen,
will weder jammern,

noch will ich klagen.
Wenn auch verloren,
was einstens war,
so bleibt die Erinn'rung
doch wunderbar.
Ein wenig bleibt
vom alten Glück
denk ich an jene Zeit
zurück.

Gardelegen *

Station -
Im Chaos Flucht:
Mieste.
Schaurige Fracht
hinter zertrümmerter Lok.

Vieh?
Nein, Leiber!
Leiber von Menschen,
Menschenleiber!

Tot?
Nein, lebend!
Nein, vegetierend,
Skelette, die atmen.

Dem Tode nahe,
und nahe dem Leben,
welches die Fäuste
der Retter verheißen,

der „Feinde",
die ihnen Befreier,
Erlöser
von grausamen Qualen,

welche,
nicht faßbarer Wahnsinn,
entfesselte Hölle,
bereitet.

Und ihre Schergen
ruhen,
den Qualen höhnend,
im Chaos Flucht,

wähnend,
daß sicher die Ladung.
Nicht einer
war ihnen
bis heute entkommen.

Doch auch in Skeletten,
die atmen,
lebt noch der Funke,
der Funke Hoffnung.

Und nächtens
sieht man sie wanken,
erst einen,
dann viele,
dann alle,
sieht man sie wanken,
durch Gräben und Furchen,
sieht man sie wanken,
bis vor Erschöpfung
in Gräben verröcheln
erst einer,

dann viele.

Im Graben verröcheln
Skelette, die atmen.
Tod nach den Qualen,
in Freiheit verendet.

Leer die Geleise,
und leer sind die Pferche.
Aber die Schergen, sie toben
und blasen zur Jagd.

Zur Jagd auf Skelette,
Skelette, die atmen,
die ihnen entkommen.
Erst einer, dann viele.

Noch tausendundsechszehn
Skelette, die atmen,
sie jagen und zerchen
zur Scheune im Felde.

Zur Scheune im Felde
von Gardelegen.
Tausendundsechszehn
getürmt in der Scheune.

Und nächtens
begann das Massaker
von tausendundsechszehn
Skeletten, die atmen.

Und nicht einmal Schreie
künden vom Tode,
vom Tod der Skelette
zu Gardelegen.

Zu spät kam die Rettung.
Die Meute zerstoben.
Tausendundsechszehn
Skelette gemeuchelt.

Und tausenundsechszehn
hölzerne Kreuze
ließen sie schneiden,
für jeden eines.

Und tausendundsechszehn
Männer des Fleckens
ließ man sie schultern,
tausendundsechszehn.

Jeder ein Büßer
für einen der meuchlings
gemordet,
als Opfer der Schergen.

Und tausendundsechszehn
hölzerne Kreuze
wanken zur Scheune,
das Morden zu sühnen.

Und tausendundsechszehn
öffnen die Erde.
Ein jedem sein Grab
und jedem sein Kreuz.

Zerstoben die Meute
der bluttriefenden Schergen,
doch nimmer die Schuld.

Tausendundsechszehn
hölzerne Kreuze
blieben als Kläger,
die Schuld zu sühnen,
die nimmer zu tilgen.
Vielleicht zu vergessen,
doch nimmer zu tilgen.

Tausendundsechszehn
hölzerne Kreuze,
tausendunsechszehn
von fünf Millionen

----

* Am 10. April 1945 wurde die
Lokomotive eines Transport-
zuges mit KZ-Häftlingen auf
der Bahnstation Mieste auf der
Strecke Hannover-Berlin von
einer Bombe getroffen. Der Flucht-
versuch der Häftlinge endete in
einem grausamen Massaker.

L i m a *
(Mai 1964)

Dreihundertundfünfzig tot
und tausend blutend,
nicht Gladiatoren
und nicht Soldaten,
nein, Bürger
am späten Abend
im hellen Lichte
der weiten Arena
gekommen zu sportlichem Spiel.

Doch nicht die Freude
am Kampf der Idole
durchpulste die Menge,
es lökte der Teufel
wider den Stachel
nied'rer Instinkte,
bis Fanatismus
peitscht durch das Rund,
entfesselnd das Chaos,
bis Panik durchzittert
die steinernen Stufen,
zerfetztend die Ordnung
der weisen Selbstzucht.

Und blindlings zertrampelt
die geistlose Herde
den Nachbarn, das Kind,
den Freund und den Fremden,
zerstampft das sportliche Spiel
zum grausen Inferno
des blutigen Schlachtfelds.
----

* Am 24.. Mai 1964 brach in der
  Fußball-Arena der Peruanischen
  Hauptstat Lima bei einem Länderspiel
  gegen Argentinien eine Panik aus mit
  350 Toten und über 500 Verletzten.

Amok

Der Tag war sonnig.
Das Unbehagen
schlummerte träge
und Ruhe heuchelnd
in dunklen Winkeln.

Nichts Böses ahnend
zog man mit Gleichmut
zur Arbeit des Tages,
Pflicht, Not und Ehrgeiz
gelassen folgend.

Nur einer stopfte
- Anwalt der Hydra -
vom Wahn getrieben
Aufruhr und Tod
in kaltes Eisen.

Und peitschend erwuchs
aus purem Wahnsinn
Mätyrertod
und zorniger Aufschrei
verschreckter Massen.

Vorüber die Ruhe.
Aus dunklen Winkeln
bricht tosend und schwellend
die Dämme sprengend
blankes Entsetzen.

Die Hydra des Aufruhrs
wälzt durch die Straßen
ihr grausiges Wesen,
die Kugel zu rächen
sinnlosen Mordens.

Und Flammenzeichen
mahnen die Satten:
Weh, wenn die Hydra
erweckt aus dem Schlafe
verläßt ihre Winkel,

auf Rache sinnend,
Entsetzen und Grauen
tückisch verbreitet.
Traut nicht der Ruhe
in dunklen Winkeln,

wenn ihr genügsam
und selbstzufrieden
genießt euren Wohlstand.
Ein Schuß zerfetzt
den Traum von der Stille.

WELT
======

Der Tag sich neigt,
die Dämmrung fahlt,
der Sonne Glanz
in West verstrahlt.

Und mit des Himmels
Blau versank,
was Kraft
aus seinem Lichte trank.

Still deckt die Nacht
die Erdhälfte zu.
Die Hektik des Tages
verharrt in Ruh.

Die Zeit nur rinnt fort.
Ihr rastloser Schritt
trägt schon die Last
des Kommenden mit.

Freilich,
den Mond zu besingen,
ist nicht mehr die Zeit,
da ihm der nächtliche Schimmer
blieb nur noch
als Kleid

mit dem
die borkige Kruste
seines erkalteten Steins
allein dem romantischen Schwärmer
bewahrt das Geheimnis
des Seins.

Und all den flimmernden Sternen
gesellen wir neue hinzu,
durchmessend den Raum
wie jene,
bewachen sie
unsere Ruh.

Kaum eines Blickes gewürdigt,
durcheilen sie
rasend das All,
den Zauber des Himmels
verhöhnend,
bis zum vernichtenden Fall.

Und dennoch
bewahren die Sterne
und dennoch bewahrt
auch der Mond
etwas vom Glanze der Ferne
für den, der den Erdball bewohnt.

Nachts sind wir tot
und fern dem Getriebe,
von welchem wir glauben,
daß wir es gestalten.

Erst wenn wir den Tau
des strahlenden Morgens
mit unseren Augen
blinzelnd getrunken,

Und uns die Last
des kommenden Tages
auf unsere schwachen
Schultern geladen,

sind wir der wissende
Lenker des Seins.

Nachts sind wir tot
und machtlos verfallen
der göttlichen Allmacht,
durch die wir gezügelt
mit ohnmächtigem Schlaf.

Wenn uns der Tag
mit seinem Würgegriff
anspringt,
und uns die Last
der nahenden Pflichten
den trunkenen Schädel
presst in die Stätte
vergangenen Schlummers,
in welcher wir tot mehr
als lebend, entführt
ins sorglose Eden,
dem wissenden Dasein
entrückt,
wir stehn an der Schwelle,
die unsere Hülle
des irdischen Daseins
verknüpft mit dem Tod.

Nachtwandelnd, Geist
auf Pfaden,
die zu durchschreiten
wach fehlt der Mut,
streifst du Gefilde,
die dir begehrlich,
doch nimmer im Wachsein
betretbar,
wenn Konvention
dich umklammert
und deine Triebe
gehorsam sich ducken
unter den Pflichten,
die dir übertragen.
Mensch bist du hier,
aber auch Sklave.

Frei allein jenseits
der starren Gesetze,
aber auch jenseits
einer Gesellschaft,
der eingeboren,
du dich zu fügen.

Der Tag hat uns wieder,
die Nacht ist vorbei,
noch träge die Glieder,
der Kopf noch nicht frei.

Die Träume der Nacht
sind nun Illusion,
im Schlafe erdacht,
zerrannen sie schon.

Der Tag ist die Nacht
und nächtens ist Tag.

Strahlen und Dunkel
gehören einander

im dauernden Wechsel
untrennbar verknüpft.

Nicht Tag nur, nicht Nacht
kannst einzeln du wählen.

Dein Licht ist dem andern
die Schwärze der Schatten

und nächtliche Dunkel,
welche dein Auge

mit Blindheit verhüllen
sind jene Strahlen,
die anderen leuchten.

Es kreuzt deine Fährte
beides im Wechsel.

Drum sehe im Licht auch
das Dunkel der Nacht.

Denn wie die Schatten
du nimmer wirst tragen

ohne den Wechsel
mit strahlendem Leuchten,

wirst du das Gleißen
des flimmernden Lichtes

nimmer genießen,
ohne den Sklaven,

welcher begleitet
das prächtige Glänzen
als stetiger Gast.

Nur aus der Stille
wir schöpfen die Kräfte,
die tätig versiegen
im Griffe des Alltags,
der lärmend verzehrt
das Mark uns'res Handelns,
der würgend zerwühlt
die Kissen der Lungen
und kreischend zersägt
den Pulsschlag des Hirns,
bis wir gelähmt
zum Nichtstun erschlaffen.

Nur aus der Stille
wir schöpfen die Kräfte
zu neuem Beginnen,
zu neuem Tun.

Mein Café

Ich sah schon so viele,
doch mein' ich das eine,
wo unter Menschen
ich dennoch alleine.

Wo lärmendes Treiben
des Straßenverkehres
zerfloß wie das Grollen
des tobenden Meeres,

das in der Ferne
nur gleichmäßig rauschte,
wenn ich mit Träumen
dem Urgesang lauschte.

Man hockt in der Stille,
und dennoch umgeben,
im Kommen und Gehen
vom pulsenden Leben.

Die Frau von 65

Erfüllt die Pflicht des Seins
- und darum unerfüllt!
Allein als Haupt des Clans,
der neue Bande knüpfend,
die alten löste
und vorwärts blickend, strebend,
nicht mehr der Wurzeln eingedenk,
die seinem jungen Treiben Halt.

Nicht Not,
und nicht die Last des Alltags
drücken,
- vielleicht das Herz ein wenig hektisch,
der Atem kurz –,
die Not der Seele ist es,
die ihren Mund verschlieát,
ihr Auge trübt.

Bar aller Pflichten
- man sollte meinen
Erfüllung langgehegter Wünsche -
verlor ihr Dasein Sinn.
(Ihr solltet beten, Gott,
bewahr uns unsre Pflichten!)

Ich sah sie gestern im Café,:
Stolz!
Fürwahr noch eine Dame.
Ihr Blick ging in die Runde,
und doch vorbei an dem,
was um sie kreiste.
Fürwahr noch eine Dame,
doch ohne Pflichten.
Allein!
Nur ihre Tasche knipste,
als sie gemessen zahlte.

Gazetten berichten
vom tragischen Tod,
vierzehnmal gleich
und schwarzumrandet.

Konzerne trauern
um den Verlust
des Aufsichtsrates,
der ihnen geleistet
so wertvolle Dienste.

Sie hätten verloren
den wertvollen Freund,
und werden vermissen
sein wichtigen Rat.

Bleibenden Dank
seien sie schuldig
und unvergessen
wird bleiben sein Tun.

Jedoch hinter vierzehn
verweisten Sesseln
stehn wartend
die Aspiranten
auf Sitz und Stimme
als Erben bereit.

Doch einmal nur
verloren die Frau
mit unmündigen Kindern
den Vater und Mann.

Nur eine Frau
mit ihren Kindern
wird sich in Trauer
bescheiden müssen.

Der Bürger

Er war nicht von jener Art,
daß ihn sein Nachruhm
sonderlich bewegte.
Er war ein Bürger,
und insoweit ohne Tadel.
Er nahm zur Kenntnis,
was ihm das Tageblatt servierte
- nicht ohne dann und wann zu murren-,
war sehr darauf bedacht,
daß er dem Durchschnitt gleiche.
Das heißt, er legte Wert darauf,
nicht Stege zu betreten,
die seinen Ruf gefährden.
Doch auch die Masse überragen,
war nicht sein Ziel.
In seiner Wohlgefälligkeit,
er müßte glücklich sein.
- Ob er es war, entzieht sich
der Einsicht des Betrachters.-

Die Sache wäre kaum
der Rede wert,
da sie alltäglich.
Doch der Gedanke läßt nicht ruh'n,
daß Leute dieses Schlags
- sie müssen sein, natürlich -
der Teig des Kuchens nur
und nicht die Hefe.

Promenade

Defilé der Tausend,
amorphe Menge,
doch tausend Wesen
konkreter Bestimmtheit:

Blühende Hoffnung
in strahlender Frische,
und schwere Schritte,
geprägt von der Mühsal
drückender Pflichten.

Skalen des Alters,
und Skalen des Standes.
Gemein nur das Pflaster,
welches sie treten.

Die ersten Weidenkätzchen

Trotz Kälte und Eis
und Winternacht,
auf dürrem Reis
die Knospe erwacht,
als ich noch nicht an den Frühling gedacht.

Erstarrt liegt das Land,
mit Schnee noch bedeckt,
von schöpfender Hand
zum Leben erweckt.
Ich hab sie als Frühlingsboten entdeckt.

Wie Samt so weich
der Kätzchen Flaum,
sie machten mich reich.
Erfüllt ist der Traum
vom Frühling
 – durch seine Boten am Weidenbaum.

Maiabend

Gewitterschwül.
Die Sonne sank.
Es blieb ein laues Weh'n.

Ein wenig aufzuatmen
nach des Tages Müh'n,
die auch im Mai
nicht wen'ger schwer zu tragen,
als an andern Tagen,
es trottet der und jener nur
gemächlich.

Dämmrung und Stille.
Die Vögel schlafen schon
und auch die Kinder.

Auf der Blumenwiese

Hundertausend Blumen sprießen,
bunt und duftend ist ihr Kleid.
Ach, es sind die Blumenwiesen
eine Himmelherrlichkeit.

Und es ist dort ein Gewimmel
in der wunderbaren Pracht,
wo dem Kleingetiergetümmel
wohlig warm die Sonne lacht.

Honigsüße Nektardüfte,
die betören deinen Sinn,
locken, schwebend durch die Lüfte,
deinen Schritt dorthin.

Und dein Herz wird freudig pochen,
von der Schönheit tief beglückt,
die dem Staub der grauen Wochen
dich ein Augenblick entrückt.

Herbst

Raben krächzen,
Spatzen lärmen,
Sonnenstrahlen
kaum noch wärmen.

Stürme brausen,
Winde wehen.
Sterben ist es
und Vergehen.

Doch nach hellen
frohen Tagen
Wollen wir uns
nicht beklagen

über die
Vergänglichkeit
ausgelass'ner
Sommerzeit.

Wie die Stürme
und der Regen
alles blank
und sauber fegen,

soll auch unser
Denken sein:
Herbstlich, fruchtbar,
kühl und rein.

Herbst! Abschied und Kunde:
Übergangszeit
im ewigen Wechsel
voll Wehmütigkeit.

Es gibt keinen Ausweg,
du hältst nicht, was war.
Die Änderung bietet
sich zwingend dir dar.

Auf Jugend folgt Reife,
die Zeit schreitet fort,
die Weisheit des Alters
erst stimmt den Akkord.

Verklärung des Weisen,
das ist der Trost.
Noch ist dein Ende
nicht ausgelost.

Herbst! Abschied und Kunde:
Abendrot.
Der Tag geht zur Neige,
doch das Feuer noch loht.

Treibgut

Gesellt sich die Planke zum Kiesel,
Flasche und Schuh zum Gestein,
markieren am Strand sie den Wechsel
zwischen Vergehen und Sein.

Verkrüppelt zum Scheit ist die Bohle,
zum Abfall der prächtige Schuh,
und lässig decket der Flugsand
den Glanz der Vergangenheit zu.

Was bleibt ist die ewige Brandung,
die gegen den Küstenstrich rollt,
dort lagernd das nichtige Treibgut,
das ihr als Tribut ward gezollt.

Am Meer

Meeresrauschen,
Möwenflug,
Muscheln, die
die Welle trug.

Sonnenblinken,
weißer Strand,
grüner Tang
auf losem Sand.

Fischerboote,
Netzeweh'n,
Kiefern, die
im Winde steh'n.

Grenzenlose
Herrlichkeit.
Spiegelbild
der Ewigkeit.

Die gelbe Rose von St.Stephan

Schon sind die Strahlen
der Sonne verblaßt,
die Kühle des Herbstes
entlaubte den Ast.

Kein Laut entweiht
des Kreuzganges Ruh,
ein Rosenstrauch neigt
sich dem Gräberfeld zu.

Vergangen die Zeit
da der Blütkelchenpracht
den ewigen Schlaf
der Toten bewacht.

Vom Turme ein Schlag
der Glocke erklang,
des Wanderers Schritte
verhallen im Gang.

Und als er wendet
zum Ausgang den Fuß
fesselt sein Auge
als lieblichen Gruß

des Sommers -
und seiner Wiederkehr -
eine gelbe Rose,
erinnerungsschwer.

Hoffnung ist die Sprossenleiter
auf des Lebens Pfad.
Stuf' umd Stufe steigst du weiter
bis dein Ende naht.

Hoffnung steht auf allen Sprossen,
die du klimmst empor.
Wie dein Schicksal es beschlossen,
dringst du weiter vor.

Heftest auf die nächste Steige
hoffend deinen Blick,
ob sich endlich zu dir neige
langersehntes Glück.

Hat es diesmal dich gemieden,
steigt du weiter rauf,
bis es endlich auch beschieden
deinem Lebenslauf.

Ja, so ist die Hoffnungsleiter
deines Lebens Halt.
Stuf' um Stufe steigst du weiter
und wirst dabei alt.

Leuchtfeuer

Hell erstrahlend,
im Kreise winkend,
die Wasser bemalend,
im Dunkel versinkend,

So leuchtet das Feuer,
die Nacht zu durchdringen,
dem Manne am Steuer
Gewissheit zu bringen:

Hier ist ein Riff,
zum Hafen geht's dort.
Führe dein Schiff
nur unbesorgt fort.

Doch wer ist dem Steuer
unseres Lebens
kreisendes Feuer?
Du suchst es vergebens.

Es branden die Wogen
hoch auf dich ein.
Vom Alltag gezogen,
stehst du, Mensch, allein.

Losung

Dem Tag die Freude abgewinnen!
Keine Stunde darf verrinnen,
die nicht frohen Sinn beschert!

Wart' doch nicht auf's Glück von morgen,
daß dir abnimmt deine Sorgen.
Diesem Tag dein Sinn gehört.

Warum ständig das nur sehen,
und den Kopf sich nach verdrehen,
was vom Schicksal dir verwehrt?

Hat es dir dafür hienieden
manchen Vorteil doch beschieden,
den ein anderer begehrt.

Jugend

Was das Alter erst kann schauen,
Jugend schon fängt an zu bauen.
Strebt in hemmungslosem Drange,
daß Erkenntnis sie erlange.

Will den Stein der Weisen finden
und den Sinn des Seins ergründen.
Überwindet Raum und Zeiten
im unbekümmert Vorwärts-Schreiten.

Laß sie nach den Sternen greifen
bis Vernunft und Einsicht reifen.
Ist zu diesen sie gekommen,
wurden Klippen schon genommen.
Was sie spielend überwunden,
hätte sie sonst nie gefunden.

W E S E N
========

Ewiges Geheimnis

Leben,
du rätselhaftes,
Mensch,
unbegreiflicher,
nicht faßlich
dem Geist,
der uns befähigt,
das Sein zu ergründen,
und doch zu gering ist,
um das Geheimnis
des Alls zu erforschen.

Geheimnis des Alls
du bleibst verborgen
dem forschenden Geist
in Ewigkeit.

Gesetz

Wie ich geworden
aus Urväterzeiten,
so ward das Gesetz.

So wie mein Geist
durch Ahnenreihen
reifte zur Höhe,

hat sich im Wandel
der Zeitenwinde
Gesetz geweitet
zum heutigen Recht.

Die ungeheure
Dynamik des Geistes
schränkt es in Bahnen,

denn der Gemeinschaft
nicht mir zum Nutzen
bin ich geboren.

Wechselwirkung
stetigen Wachsens
der Lebensbewahrer:
Geist und Gesetz.

Religion

Lodernde Flammen aus innersten Gründen
sind es, die meinen Glauben verkünden:

Gewissen, du führst mich
mit sicherer Hand.
Dir allein beicht' ich,
als göttlich erkannt,
füllst du die Seiten,
die mir ein Gebot.

Gerecht kann ich schreiten
durch's Leben zum Tod.

Zwischen Extremen
spannt sich das Leben,
scheinbar dem Menschen
zum handeln gegeben.
Als Krone der Schöpfung,
befähigt zum Denken,
soll er's vom Kindsein
zum Alter lenken.

So denkt er und lenkt er
von Jahr zu Jahr,
findet das Leben
mal wunderbar,
dann hat es für ihn
allen Sinn verloren
und lieber wäre er
niemals geboren.

Mal preist er die Liebe,
dann ächtet er sie.
Er fühlt sich als Lump mal
und dann als Genie.
Er nimmt an den Freuden
des Lebens teil,
dann sucht er
in strenger Askese sein Heil.

Was gestern gut war,
ist heute schlecht,
und morgen schon ist es
dann wieder recht.

In Trauer weinen,
in Freude lachen,
so wird er letztlich
das Richtige machen.

Und doch allein

Wildes Begehren
durchziitert den Körper,
schwer ruht der Kopf
auf dem Rücken der Hand,
starr ist der Blick,
und erstarrt sind die Glieder,
den irrenden Geist
hält die Hülle gebannt.

Alles scheint greifbar,
was nur zu erdenken,
nichts steht dem Flug
der Gedanken im Weg,
alles Ersehnte scheint
vor dir zu stehen,
und doch liegt dazwischen
die Kluft ohne Steg.

Ich geh'!
Nichts bleibt
von tausend Schmerzen,
tausend Freuden,
als dieser Vers.

Und wenn der Wind
das Blatt verweht,
die Zeit es nagt,
nur noch der Himmel weiß,
daß es uns gab.

Die schlanke Zypresse
wiegt sich im Wind,
auch wenn die Augen
erloschen einst sind.

Zeitlos reckt sie
die Krone empor,
lockend geheime
Träume hervor.

Wird auch in Zukunft
den Freunden sich zeigen,
verbergen die Vögel
in ihren Zweigen.

Ich jedoch werde
von dannen gehn
und nicht mehr
ihr fröhliches Wiegen sehn.

Grausame Welt,
in welcher der Tod
nicht die Erfüllung
vollkommenen Lebens,

sondern die Pranke
des reißenden Tigers,
welcher sein Opfer
heimtückisch fällt.

Komet

Einmal noch schreit ich durchs Feuer,
kometengleich, eh ich verglüh,
wie dieser, wenn er dem Ziel nah
des alles zerstörenden Nichts.

Einmal noch setz ich das Zeichen
meines schon fliehenden Seins
mit hell erglühendem Schweife,
eh es im All sich verliert.

Einmal noch tief in mir fühlend
die göttlich wirkende Kraft
blutvoll pulsenden Lebens.
Schrankenlos atmen das Glück.

Einmal noch eh' es vergehn wird
das nunmehr versiegende Leben,
strahlend die Schwelle durcheilend,
die meinem Sternbild der Tod.

Sag nie,
es sei umsonst gewesen,
wenn du vergeblich
dich bemühst.
Und denke nie,
daß dein Bemühn
wär' ohne Sinn.

Nicht jedes Saatkorn
keimt,
und nicht ein jeder Keim
trägt reiche Frucht.
Doch der,
der unabläßlich sät,
wird stets auch ernten.

Hab' Jahre durchmessen,
und Gutes gesehn,
hab' Schlechtes vergessen,
doch manches blieb stehn.

Kann sprechen von Elend,
und reden vom Glück.
Als Lebensweg blieb es
ohne Zurück.

Ikarus

Du greifst,
den Horizont verneinend
nach Sternen,
glaubst,
daß diese
deinem Ich gemäß,.

Versteigst
dich kühn
in Wolkenhöh'n
in Sonnennäh,
mißachtend, daß
dein Ich begrenzt,

daß dein
Vermögen,
auszubrechen
im Rausche
auf nur wen'ge Schritte
ist beschränkt.

Du täuschst
den Dummen nicht
und nicht ein Gott.
Auch du
bist, aus dem Traum erwacht,
nur Mensch.

Ich bin krank
an meiner Seele.
Gram und Qual
mein Herz bedrückt.
Wägend ich
die Stunden zähle,
da es wahrlich
war beglückt.

Ach, es waren
keine Stunden,
denk ich
an die Zeit zurück.
Waren es nicht
nur Sekunden?
War es überhaupt
das Glück?

Resignation

Immer werd ich einsam sein,
trotz der Sehnsucht nach dem Leben.
Selbst beim hellsten Sonnenschein
Gram und Trauer mich umweben.

Lachen, Frohsinn, Liebesglück
möcht ich stürmend mir gewinnen,
doch es wirft mich stets zurück,
sollt' ich's noch so klug beginnen.

Fühl' ich Kraft und Lebensdrang,
froh das Weltall zu durchdringen,
stürzt' ich schon beim ersten Gang
in die ausgelegten Schlingen.

Und wenn ich zu großer Tat
fühle mich sogar geschaffen,
dann, bevor gekeimt die Saat
mein Kräfte schon erschlaffen.

Immer werd' ich einsam sein,
trotz der Sehnsucht nach dem Leben.
Möge doch ein Sonnenschein
Licht in meine Seele geben.

Scherzende Trauer

Lachen soll ich
und möchte doch weinen.
Scherzen soll ich
und kann es kaum.
Wenn mir doch nur
die Sonne wollt' scheinen,
doch düstere Schatten
erfüllen den Raum.

Ach, und mein Auge,
es scheint zu glänzen.
Doch ist es kein Glanz
der Heiterkeit,
kein Widerspiel
aus lustigen Tänzen,
die quellende Träne
ihm Glanz verleiht.

Alles ist Tand
und der Scherz nur Hülle.
Trauernde Seele
wie quält man dich.
Schwelgt auch der Körper
in üppiger Fülle,
für dich ist ein jeglicher
Scherz ein Stich.

Leere

Zauber dieser berauschende Nacht:
Unendlich dehnt sich der Raum.
Die Wolken durch des Mondschimmers Pracht
tragen brokatenen Saum.

Du fesselst, göttliches Bild, meinen Blick
und all meine Sinne beben.
Des Zwanges ledig, zu höherem Glück
will nun meine Seele entschweben.

Selig wollen die Lippen stammeln,
doch dringt nur ein Fluch an mein Ohr.
Friedliche Geister sollten sich sammeln,
doch nur Grimassen grinsen hervor.

Trostlosigkeit, der Fluch, die Grimassen,
die Bilder des Elends, der sterbenden Massen,
die Ungewissheit, nagende Sorgen,
das ständige Grübeln über das Morgen
umklammern meine seufzende Brust,
rauben mir Friede, Freude und Lust.

Der Himmelskuß

Es hatte mein Herz einst pochend geschlagen
in fernem Land.
Es wollte von hunderten Dingen sagen,
die keiner verstand.

Es wollt' von unendlicher Sehnsucht singen,
und war allein.
Zärtliche Laute sollten erklingen.
Es konnte nicht sein.

Da streichelte kosend der Wind meine Wangen
zu nächtlicher Stund.
Ich spürte in glühendem Verlangen
geküßt meinen Mund.

Und glücklich hab' ich die Arme gebreitet:
Trostspender, du.
Himmelskuß, du hast das Bett mir bereitet
friedlicher Ruh.

Nicht so viel Gedanken machen,
denn es sind so viele Sachen
nicht zum Denken auf der Erden,
sondern um gelebt zu werden.

Nehme dir das stets zu Herzen,
du ersparst dir oftmals Schmerzen,
und entfernst dich nie zu weit
von der herben Wirklichkeit.

Losung

Dem Tag die Freude abgewinnen!
Keine Stunde darf verrinnen,
die dir heit'ren Sinn beschert!

Wart' doch nicht auf's Glück von morgen,
das die abnimmt deine Sorgen,
diesem Tag dein Sinn gehört.

Warum ständig das nur sehen,
und den Kopf darnach verdrehen,
was vom Schicksal dir verwehrt?

Hat es dir dafür hienieden
manchen Vorteil doch beschieden,
den ein anderer begehrt.

Wankelmut

Ich will die Tat!
Und doch – ich scheue mich vor ihr.
Ich brauche Rat!
Und doch – ich will ihn nicht von dir.

Ich fühle mich
berufen, Großes zu vollbringen.
Doch zeigt es sich,
daß mir's nur selten will gelingen.

Ich trag' in mir
die menschlichste der Menschen Seelen.
Es liegt an ihr,
daß es so schwer fällt gut zu wählen.

Doch gilt mein Fluch
dem Wankelmut und all' dem Schwanken,
und ich versuch,
zurückzuweisen ihn in Schranken.

Denn nur die Tat,
die wir mit klarem Blick vollbringen,
ist trächt'ge Saat,
aus der die reifen Früchte springen.

Sprüche

Allzuleicht ist's
in Gedanken
auszustreu'n
des Wollens Saat.

Doch es trennen
hundert Schranken
unser Wollen
von der Tat.

Was ist das Leben?
Allzeit nur Streben,
und doch ergeben
der Parsen Weben.

So wird dein Streben
dich kaum erheben.
Du mußt es leben,
wie's dir gegeben.

Ein Grübler sinnt,
Wie's Leben war.
Es spielt der Wind
mit seinem Haar.

Und wie er sinnt,
wird es ihm klar:
Es war ein Wind,
und er das Haar.

Das kobaltblaue Himmelszelt
zeugt nicht vom Elend dieser Welt,
die mühevoll zusammenhält,
bis sie im All dereinst zerschellt.

Ob's sinnvoll ist,
das Leben zu tragen,
willst du es wirklich
im Ernste erfragen?

Du hattest es dir
nicht selber gegeben,
so mußt du es,
auch zweifelnd
leben.

Es bergen die Freuden
nur allzuoft Leiden,
d'rum auch im Leiden
suche die Freuden.

Um alles zu können,
reichen hundert Menschenleben
nicht aus.
Willst ein Ding du nur können,
such's zeitig dir aus.

"Ich denke, drum bin ich".
Doch bin ich auch so:
Nicht denken, nur leben,
macht auch manchmal froh!

Es ist ein ew'ger Widerstreit
in des Menschen Seele:
mal ist sie voller Heiterkeit,
dann eine dumpfe Höhle.

Du sagtest "Ihr"
und meintest "Ich".
Es sprach dein Ehrgeiz
nur für dich.

Dein großes Wort
galt zwar der Tat,
es schlug jedoch
für dich den Pfad.

Du gehst ihn stolz,
von Glanz umstrahlt.
Der Ehrgeiz machte
sich bezahlt.

Was heißt schon Mut?
Nur wen'ge sind's,
die für Ideen
sich schlagen.

Sind's nicht Verzweiflung,
Ehrgeiz, Wut,
die den Begriff
als Mantel tragen?

Lebensmut

Greif' nur mit deinen Händen
ins Leben voll hinein.
Es ist an allen Enden
ein lustig Ringelreihn,

Du mußt es nur so nehmen,
wie es nun einmal ist,
mit Jauchzen und mit Grämen,
wie du es gerade triffst.

Ein offen Herz bewahre
für dieses bunte Vlies,
dann sind die Erdenjahre
dir auch ein Paradies.

Divertimento

Ein leichter Tanz
im Alltagsmeer,
vergessen ganz,
was herb und schwer.

Der Reigen weiht
zum Fest den Tag,
es säumt die Zeit
der Stunden Schlag.

Das Herz war tot,
ich spürt es nicht,
und was ich tat,
war nichts als Pflicht.

Das Jahr war lang
und monoton,
was morgen ich tat,
wußt ' heute ich schon.

Das Frühjahr ging,
der Sommer kam,
die Hoffnung des Herbstes
der Winter nahm.

Doch dann kamst Du!
Ein Paukenschlag
zerfetzte die Stille.
Hell strahlte der Tag.

Nichts mehr von dem,
was gestern war.
Die Stunde mit dir
wiegt mehr als ein Jahr.

Der Tag weicht sacht
von dir und mir
Geister der Nacht
schweben zu dir,

durchweben den Raum
zu einem Band
mit goldenem Saum,
von Liebe entbrannt.

Du bist mir fern
und doch so nah.
Ich hab dich gern,
seit ich dich sah.

Sehnsuchtsvoll zieht
mich alles zu dir,
als ich einst schied,
mein Herz blieb bei dir.

Schlaf ein,Geliebte,
ich küss' dich zur Ruh.
Träum süß, Geliebte,
mein Alles bist du.

Du sitzt im Raum,
ich neben dir.
Du sagst kein Wort -
und sprichst mit mir.

Du siehst mich an,
ich schau zu dir,
es schweigt dein Mund
und lächelt mir.

Du atmest still.
Ein Hauch von dir
schwebt unbemerkt
ganz leis zu mir.

Es ist ein Netz
von dir zu mir
so spinnenzart,
darinnen wir.

Wieder allein

Der Zigarette Rauch
und dein zarter Hauch:
Du!
verschweben im Raum.

Du bist schon längst fort.
Es blieb nur das Wort:
Du!
Es ist wie ein Traum.

Der Schwur: Ich bin dein!
schenkt er dem Herzen mein
Ruh?
Schlaf find ich wohl kaum.

Zum Abschied

Kurz war das Glück,
das uns beschied
ein gut' Geschick.

Es war ein Lied,
das jäh verklang,
wie sich's erhob.

Den holden Sang,
der uns umwob
als seel'ger Kranz,

Die Melodie,
oh, leichter Tanz,
vergess' ich nie!

Sonett am Abend

Glühend geht der Tag zu Ende,
die Sonne hat ihr Werk vollbracht,
die Flora wonnetrunken lacht,
und sie reicht dem Tag die Hände,

daß er wieder zu ihr fände,
nach der Finsternis der Nacht,
die mit ihrer dunklen Tracht
deckt das schlummernde Gelände.

Die Weide abschiednehmend winkt,
den Sinn betört der Duft der Linden,
der laue Abend golden blinkt,

vom First das Lied der Drossel klingt.
Wie Tag und Nacht verklärt sich binden,
Gebliebte möcht ich zu dir finden.

Du bist mir fern
und doch so nah.
Ich hab dich gern
seit ich dich sah.

Sehnsuchtsvoll zieht
mich alles zu dir.
Als ich einst schied,
mein Herz blieb bei dir.

Wir gingen jeden Frühling
zusammen einher,
und spielten im Sommer
gemeinsam am Meer.

Und jeden Herbst wir tollten
zusammen im Wald,
und auch im Winter wurden
unsere Herzen nicht kalt.

So gingen, spielten, tollten
wir Jahre zu Zwei'n,
die Lieb, die wir uns zollten,
war kindlich klar und rein.

Dann trennte uns das Schicksal,
wer weiß warum,
ging jeder seine Wege,
das Herz ward stumm.

Und als wir uns gebunden,
ein jeder war bereit,
die Jugend zu vergessen,
die längst vergangne Zeit.

Doch was wir leicht verschenkten,
erwies sich dann als schwer:
Die goldne Zeit der Jugend
vergißt man nimmermehr.

Aus meiner Seele Tiefe
hobst du verborgnen Stein,
gabst ihm durch deine Liebe
den kristallinen Schein.

Ihn trag ich durch die Tage,
beglückt und voller Pein.
Ich weiß, was du mit schenktest,
wird auch vergänglich sein.

Nun plagen mich die Zweifel:
soll ich des Frevels zeih'n,
die edles Gold mir reichte,
soll um ihr Herz ich frei'n?

Unerfüllt

Darf ich dir nicht sagen,
daß du mein Alles bist?
Darf ich dir nicht klagen,
daß du mich zu dir ziehst?

Spürst du denn nicht mein Sehnen,
daß dir alleine gilt,
die nichtgeweinten Tränen
über deinem Bild?

Hörst du nicht deinen Namen,
den tausendmal ich rief,
die Worte, die nicht kamen
aus meiner Seele Tief?

Das Klagen, Sehnen, Rufen
ungehört verhallt,
erklomm ich andre Stufen,
es dennoch dir nur galt.

So wünsch' ich, daß im Traume
mein Bild dir stets erscheint,
damit im geist'gen Raume
wir immerfort vereint.

Niemals

Du sagst, ich soll dich vergessen.
Das kann und mag ich nicht.
Kannst du es nicht ermessen,
daß mir das Herz sonst bricht.

Wie sollte ich vergessen,
was mich so sehr entzückt:
Dein Lächeln, deine Augen
von denen ich beglückt.

Wie sollte ich vergessen
dein Wesen, Gang und Blick,
aus dem ich stets gelesen,
was mir verhieß das Glück.

Wie sollte ich vergessen
die Zeit, die wir verbracht,
als wir die Liebe fanden
an Trennung nicht gedacht.

Zu spät

All deine Liebe hast du mir geschenkt,
und ich hab' sie freudig genommen,
doch hattest du auf Entgegnung gedrängt,
dann hast du sie nimmer bekommen.

Oft hast du selig im Arm mir gelegen,
die Leidenschaft in mir entfacht,
es schlug mir dein Herz voll Sehnsucht entgegen,
wenn Nächte zu Zwein wir durchwacht.

Doch wenn ich vernahm deine Frage:
Muß ich es dereinst mal bereu'n?
Dann spürt ich erschauernd die Klage,
du würdest mir nimmer verzeih'n.

Schmeichelnd zerstreute ich deine Bedenken
aus Furcht zu zerstören das Glück.
Im immer wieder erneuten Beschenken
fand einer zum andern zurück.

Doch meinem Mund entlocktest du nimmer
das Wort, das am Herzen dir lag.
Ich wollt es nicht sagen, verschob es drum immer
mit Skrupeln auf späteren Tag.

So trieb ich's, doch dann kam die Wende,
du hast mir verschlossen dein Herz.
Vergeblich mein Werben. Das Glück war zu Ende.
Nun trag ich verzweifelt und einsam mein
Schmerz.

Der Brunnen

Mußt ich auch gehen,
bleib dennoch ich nah dir,
unsterblich wie Acis,
den Galathea
liebend verwandelt
in quellendes Wasser,
das heiter versprühend
im Sonnenlicht glitzert,
steigend und fallend,
der Endlichkeit spottend:
Siehe, ich lebe
für dich, Galathea.
So bleib ich,
dich Nymphe
liebend,
wie Acis unsterblich.

Die Königin

Ihr Blick durchbohrte Seelen,
und den Vasallen,
die ihren Rocksaum
zärtlich küßten,
stach sie den Dolch des Leidens
in ihr Herz.

Was ist es,
daß euch trunken macht?
Ist's meine Größe?
Nein, meiner Schwäche
wollt ihr euch bedienen.

Es müßt ein König sein,
dem ich das Leid erspare,
der meinen Blicken trotzt,
der meinen Stolz
zu seinen Füßen zwingt
und meine Lippen
auf das Strahlen
seines Purpurs.

Die Kathedrale

Unförmiger Stein,
gewölbt zum Erhabenen,
geschichtet als Filigran.

Aus dämmrigen Schlaf
vom Meister geschlagen
zu glutvollem Sein.

Sinnbild der Kraft,
die sterbliche Wesen
erhöht zum Genie.

Dem Alltag entrückt,
birgt ihre Halle
die grundlose Tiefe

des unendlichen Werdens.
Symbol menschlicher Größe
und Ohnmacht zugleich.

Der Autor, ehemaliger Vorsitzender der Heinrich Heine-Gesellschaft, ist Verfasser zahlreicher Sachbücher. So über das Pseudonym in der Literatur ("Literaten hinter Masken"). über Frauen der Auifklärung und Romantik ("Die stille Revolution der Weiber"), über Heinrich Heine ("Der rheinische Europäer – Heinrich Heine aus Düsseldorf"), Wolfgang Menzel ("Wolfgang Menzel – Leben-Werk-Wirkung"), sowie zahlreicher Arbeiten zur Kunst des 20. Jahrhunderts.